SENAPE E MOSTARDA

Senf

Eine hocharomatische Geschichte

Roberto Bosi

Deutsch von Susanne Bunzel

FLECHSIG

Die italienische Originalausgabe ist
bei Nardini Editore in Florenz/Italien unter
dem Titel "Senape e Mostarda" erschienen.
Redaktion: Andrea Galeazzi
Rezepte von Gabrialla Mari und Christina Blasi.
Mit der fachlichen Unterstützung der Scuola di
Arte Culinaria "Cordon Bleu".

Genehmigte Lizenzausgabe für Flechsig
Buchvertrieb in der Verlagshaus Würzburg
GmbH & Co. KG, Würzburg 2006
Übersetzung aus dem Italienischen
von Susanne Bunzel – Droemersche
Verlagsanstalt Th. Knaur Nachf. GmbH & Co.
KG, München

Umschlaggestaltung: Lorenzo Crinelli
Umschlaggestaltung der deutschen Ausgabe:
Silberwald – Agentur für visuelle
Kommunikation, Würzburg
Umschlagillustration: Bildnis Rudolf II.
von G. Arcimbaldo
Printed in Italy

ISBN-13: 978-3-88189-616-0
ISBN-10: 3-88189-616-3

Unser gesamtes Programm finden Sie unter:
www.verlagshaus.com

SENF –
EINE HOCHAROMATISCHE
GESCHICHTE

Senf, Mostrich und Mostarda

Senf, Mostrich, englischer Senf, Dijonsenf, Cremoneser Mostarda ... eine verwirrende Vielfalt an Sorten und Begriffen! So unterschiedlich diese Erzeugnisse auch sein mögen, sie bestehen alle aus ein und derselben Grundzutat: den Samenkörnern der Senfpflanze.

Die Pflanze gehört zu den Kreuzblütlern; nach der Aussaat im Frühjahr bildet sie im Juni hellgelbe Blüten, aus denen gegen Ende des Sommers die Schoten heranreifen, die die wertvollen Samenkörner enthalten. Die länglichen Früchte sind in zwei Kammern geteilt, doch nur die untere Kammer enthält zwei bis drei kugelrunde Samenkörner. Aufgrund der Farbe der Samenkörner unterscheidet man die verschiedenen Senfarten. Schwarzer und weißer Senf werden am häufigsten angebaut und verwendet. *Brassica juncea* besitzt kleine schwarzbraune Körner, während *Brassica alba* größere, weißlich-gelbe Körner hervorbringt. Beide Sorten dienen allgemein

als Gewürz und als Heilmittel. Schwarzer Senf ist ein einjähriges Kraut, das bis zu einem Meter hoch wächst. Seine rauhen Blätter im oberen Bereich der Pflanze sehen lanzettförmig aus, während die unteren Blätter eine lappige und gefiederte Form besitzen. Die Blüten sind gelb, die schontenartige Frucht enthält zwei Samenkammern, in denen die Samenkörner dichter beieinanderstehen als beim weißen Senf. Beide Arten bringen jedoch sehr kleine Körner mit einem Durchmesser von etwa zwei Millimeter hervor. Diese Samenkörner besitzen im naturbelassenen Zustand weder einen besonderen Geruch noch einen auffälligen Geschmack. Am aromatischsten fallen die dunkelroten Samenkörner einer dritten Senfart aus. Diese Senfart wird heutzutage jedoch kaum mehr angebaut, weil sie sich nur schlecht mechanisch verarbeiten läßt. Sie wurde fast vollständig durch den schwarzen Senf (*Brassica nigra*) ersetzt.

Die Samen der Senfpflanze nennt man schlicht Senfkörner oder Senfsaat. Das daraus gewonnene Pulver nennt man Senfmehl.

Das Senfmehl wird in der Gastronomie zu einer Paste mit einem unverwechselbar starken und stechend-scharfen Geschmack und einem kräftigen und stechenden Geruch verarbeitet. Aufgrund

seiner organoleptischen und leicht konservierenden Eigenschaften wird Senf für viele Saucen und Gerichte verwendet. Die italienische Mostarda hingegen

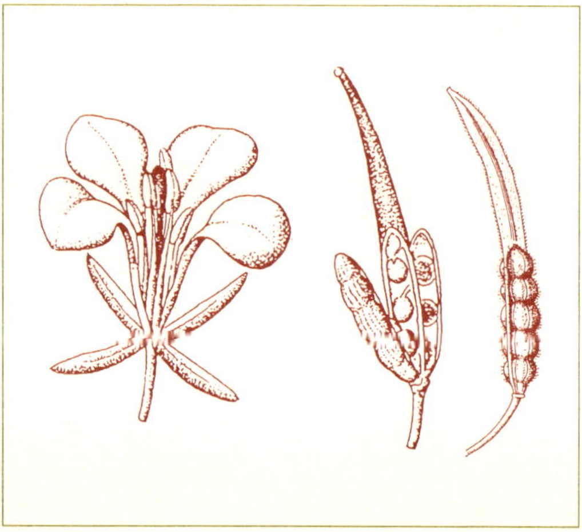

hat trotz ihrer lautlichen Ähnlichkeit mit »Mostrich« oder den englischen und französischen Bezeichnungen für Tafelsenf »mustard« und »moutarde« nichts mit gewöhnlichem Senf zu tun, sondern bezeichnet vielmehr eine würzig-scharfe Beilage aus kandierten Früchten, die in einen Senfsirup eingelegt werden. Der Begriff leitet sich vom lateinischen Wort »mustum« (»Most«) ab, weil neben Senf auch Traubenmost zur Zubereitung dieser Speisen verwendet wurde. In Sizilien macht man auch heute noch die sogenannte »Mostarda siciliana«, worunter aber ein Kuchen zu verstehen ist, der unter anderem mit verkochtem Traubenmost hergestellt wird, aber nichts mit Senf oder der »Mostarda cremonese« (d. h. den oben erwähnten Senffrüchten) zu tun hat.

Ein ganz besonderer Geschmack

Wie bereits eingangs erwähnt, besitzen Senfmehl und die daraus hergestellten Senfsorten einen stechenden und unverwechselbaren Duft sowie einen kräftigen und scharfen Geschmack. Die Speisen, die man damit zubereitet, einreibt oder kocht, erhalten dadurch ein besonders intensives Aroma.
Senfkörner werden heute in der Regel zu Mehl gemahlen und dienen manchmal zum Färben, hauptsächlich aber zum

Würzen von Speisen. Senf mit Zuckerzusatz besitzt zudem eine konservierende Wirkung, die auf der Wechselwirkung von Zucker und den im Senf enthaltenen ätherischen Ölen beruht. Senf hat deshalb schon seit Jahrhunderten einen festen Platz in der Küche. Seine wohltuenden Eigenschaften erschöpfen sich jedoch nicht im Würzen und Konservieren von Speisen. Er besitzt auch wichtige therapeutische und stimulierende Wirkung, ja sogar eine Reizwirkung, wie wir später sehen werden. Aufgrund dieser Eigenschaften, die der Mensch bald zu

schätzen wußte, wird Senfkraut, das früher als Unkraut wucherte, heute in großem Maßstab gezielt angebaut.
Senf erhält seine besondere Würzigkeit durch ein in den Samen enthaltenes Glucosid (d.h. eine organische Substanz, die einen durch Hydrolyse spaltbaren Zucker enthält), das beim schwarzen Senf Sinigrin, beim weißen Senf Sinalbin heißt. Besonders Sinigrin läßt sich in Wasser enzymatisch spalten und setzt ein Senföl mit stechendem, scharfem und beißendem Geschmack frei. Die weißen Körner fallen dagegen eher mild aus,

vermitteln jedoch im Rachenraum das bei scharfen Speisen typische Wärmegefühl. Senfmehl besteht daher in der Regel aus einem Gemisch aus weißen und schwarzen Senfkörnern.

Um ihr typisches Aroma zu entfalten, werden die Senfkörner gepreßt, zerstoßen oder gemahlen; danach setzt man sie in Wasser oder einer anderen Flüssigkeit – zum Beispiel Wein, Essig, Bier oder Destillaten – an und läßt sie kurze Zeit ruhen. Diese Ruhezeit hängt von verschiedenen Faktoren wie dem Mahlgrad der Senfkörner, dem Säuregehalt und der Temperatur der Flüssigkeit ab. Im allgemeinen beträgt diese Ruhezeit aber nicht mehr als zehn bis fünfzehn Minuten. Ist die Flüssigkeit jedoch zu heiß oder zu salzig, beeinflußt sie ihrer-

seits die chemische Reaktion von Enzymen und ätherischen Ölen und läßt die Senfpaste bitter werden.
Im Rezeptteil des Buches zeigen wir Ihnen, wie Sie Senf aus Senfkörnern selbst zubereiten können, und wie Sie Saucen und Speisen damit verfeinern.

Senf als Nahrungs- und Heilmittel

Senfkörner besitzen unter anderem ableitende Eigenschaften, das heißt, sie führen zu lokalen Reizungen und zu Hyperämie (sogenannte Blutüberfüllung). Senfkörner und Senf regen die Magen- und Darmtätigkeit an. Um Reizungen des Verdauungsapparats zu vermeiden, sollte man Senf aber nur sparsam verwenden.
Mit Senf, als Packung oder Umschlag direkt auf die Haut aufgetragen, behandelte man in der alten Volksheilkunde

die Magenschleimhaut, Erkrankungen der Atemwege sowie rheumatischen Beschwerden, Muskelschmerzen und Neuralgien.
In England, wo Senf und seine Derivate stark verbreitet sind, lindert man Schmerzen in den Füßen mit einem Senfbad. Auf diese Weise wird die Durchblutung der Füße gefördert, die daraus resultierende wohlige Wärme

führt dann dazu, daß die Füße nicht mehr schmerzen.
Senfpackungen werden auch bei Entzündungen der inneren Organe angewendet; man legt sie auf die Haut über den betroffenen Organen, weil sie die Entzündung gewissermaßen nach außen ziehen und die Abheilung fördern.
Wir wollen hier aber nicht nur die heilende Wirkung, sondern auch den Nährwert

von Senf und Mostarda vorstellen. Mostarda ist eine Mischung kandierter Früchte, die in einem mit Senf gewürzten Sirup eingelegt werden. Sirup und kandierte Früchte sorgen je nach Sorte und Zuckergehalt des Sirups für eine unterschiedliche Kalorienzufuhr.
Die Früchte enthalten Wasser, wenig Albumin, viel Zucker, organische Säuren und ätherische Öle, die für ein oft zartes Aroma und einen feinen Duft sorgen. Äpfel enthalten viel Zellstoff und Pektin (diese Substanz wird auch in der Arzneimittelherstellung verwendet), welche unter Beigabe von Zucker gelieren. Obst enthält kein Fett, ist aber reich an den wasserlöslichen Vitaminen der B-Gruppe und an Vitamin C.
Die meisten Nährstoffe enthalten Trauben, Feigen und Bananen, weshalb sie denn auch für die besten Mostarde verwendet werden. Durch ihren hohen Gehalt an Kohlehydraten machen sie Mostarda besonders nahrhaft.
Für eine Mostarda sollte man nur fri-

sches Obst verwenden, da es einen höheren Vitamingehalt aufweist. Im Laufe der Zeit oxidieren die Vitamine, wodurch ihr Nährwert drastisch sinkt. Die Qualität einer Mostarda steht und fällt mit der Qualität der verwendeten Zutaten. Auch hier gilt: Der menschliche Organismus benötigt täglich eine bestimmte Menge Energie und Nährstoffe, um

die Körperfunktionen aufrechtzuerhalten. Diese Energie kann man in großem Maße in Form von Zucker, Honig, Sirup, Melasse, Konfitüren und eben auch Mostarda zuführen.

Auch Senfmehl und sogenanntes »mehliges« Obst (wie bestimmte Apfel- und Birnensorten) enthalten Eiweißsubstanzen, die dem Körper Energie und Nährstoffe zuführen.

Die Vitamine, die in den zu Mostarda verarbeiteten Früchten enthalten sind, tragen außerdem zur Regulierung des Stoffwechsels bei.

Ein Gewürz aus Asien

Die Senfpflanze stammt ursprünglich aus Asien, wo sie auch wild wächst. Um 3000 v. Chr. wurde Senf in Indien vermutlich bereits als begehrte Gewürzpflanze angebaut; von dort gelangte er schließlich in die westliche Welt. In der Tat wurde Senf von den Römern geschätzt.

Seit dem fünften Jahrhundert v. Chr. wird Senf auch im Abendland angebaut. Es gibt außerdem Belege dafür, daß die Senfblätter (nicht die Samen) gegen Ende des ersten Jahrhunderts n. Chr. in Essig eingelegt und dann zum Würzen von Speisen verwendet wurden. Erst im dreizehnten Jahrhundert ging man dazu über, die Senfkörner zu einem Pulver zu mahlen und zu einer Paste zu verarbeiten, mit der man Speisen verfeinern oder auch unerwünschte Aromen überdecken konnte.

Senf in der Küche des antiken Roms

Zu den ältesten Quellen, die die Verwendung von Senf in der Küche belegen, gehört das Standardwerk *De re coquina-*

ria von Apicius. Nach den Worten des römischen Feinschmeckers war Senf eine hervorragende Würze für bestimmte Bratwürste; das Brät dieser Würste bestand aus »Spelt« (vermutlich handelt es sich dabei um Dinkel, der damals große Verbreitung genoß), der zu feinem Mehl gemahlen und mit Hackfleisch, Pfeffer, Fischsauce und Pinienkernen zu einem Teig verarbeitet wurde.

Dieses Brät wurde in Därme abgefüllt, die Wurst gesotten. Dann wurde die

Wurst auf dem Grill gebraten, anschließend gesalzen und mit Senf bestrichen. Die gegarte Wurst schnitt man in Scheiben und richtete sie auf einer Servierplatte an.
Zu Apicius' Zeiten wurde Senf auch solo in einem Töpfchen als Beigabe zu gekochtem Gemüse, das mit etwas Öl und Essig angemacht war, gereicht.
Sogenannter grüner Senf war Bestandteil einer Sauce, die mit Eiern gebunden wurde. Senfmehl wurde mit grünen Bohnen, Honig, Pinienkernen, Raute und Kreuzkümmel vermengt und in gutem Weinessig mariniert. Mit Senf und Essig würzte man außerdem Fleischgerichte, namentlich Wildschwein, Gemse, Lamm und Schwein.
Apicius beschreibt des weiteren, wie man Lebensmittel mit Senf haltbar macht, wie man Schweineschwarten, Würste und Zampino (ein mit Wurstbrät gefüllter Schweinefuß) behandelt. Das Fleisch wird in eine Marinade aus Senf (vermutlich handelt es sich hier um die

ganzen Körner), Essig, Honig und Salz getaucht. Diese vielseitige Marinade besitzt, so Apicius, »eine wundersame Wirkung«. Der Autor beschreibt ein ähnliches Verfahren zur Konservierung von Rüben. Ein Gemisch aus Senf und Honig wird mit Essig angesetzt und über die Rüben, die man in ein Vorratsgefäß geschichtet hat, gegossen. Bei der Lektüre dieser Rezepte muß man berücksichtigen, daß das Haltbarmachen von Speisen

damals den einzelnen Haushalten überlassen war und daß Honig, Senf und Essig als Grundsubstanzen besonders wichtig waren – obwohl sich nur wenige diese Lebensmittel leisten konnten. Der Einsatz von Salz galt denn auch eher als letzte Notlösung, weil das spätere Ent-

salzen von Fleisch höchst aufwendig und das eingesalzene Fleisch oft zäh wie Leder war. Honig (der meist zum Süßen verwendet wurde) war außerdem sehr teuer und damit den wohlhabenderen Schichten vorbehalten.
Senf als Konservierungs- und Würzmittel war infolge des Orienthandels nach Rom gelangt. In Indien waren Saucen und Marinaden auf Honig- und Senfbasis schon zu jener Zeit sehr gebräuchlich. Auch die Chutneys der modernen indischen Küche sind nichts anderes als Beilagen aus Früchten und Senf, die zu Fleischgerichten serviert werden.
Der Schriftsteller Lucius Junius Moderatus Columella, der während der römischen Kaiserzeit in der spanischen Stadt Cadiz geboren wurde, war ein passionierter Bauer und kompetenter Gastronom. In seinem Werk *De re rustica* (dt. »Über den Landbau«) unterschied er zwischen *mustaceum*, also dem Senf, der zum Konservieren von Fleisch verwendet wurde, und dem Senf, den man zu gesottenem Fleisch aß. Dafür gebraucht er erstmals den Begriff *sinapis*, den er vom griechischen Wort für Senf, »sinapi«, ableitet. Columella unterstrich, daß Sinapis einen feineren Geschmack besitze, jedoch mit Fenchel und feinst gemahlenen Mandeln zu einer Paste verarbeitet werden müsse.
In den ersten Jahrhunderten unserer Zeitrechnung war Senf in der Küche unentbehrlich. Er diente als Würze für Bra-

tenfüllungen, als Beigabe zu gekochtem Gemüse oder Wiesenkräutern (man denke nur an Salate aus Heilkräutern) oder zu grünen Bohnen (die Senfkörner wurden hierfür fein zerstoßen); mit Pfeffer, Thymian, Weinessig, Honig, Olivenöl und Fischsauce zu einer Paste verarbeitet, diente Senf auch als Würze für gesottenes Straußenfleisch. Zu Schweineeuter, das mit Fischsauce, Pökelfleisch, Kümmel und ganzen Pfefferkörnern gefüllt war, wurde ebenfalls Senf gereicht.

Senf und Lorbeerblätter würzten

schließlich gesottenes Fleisch vom Wildschwein. Hasenbraten, den man mit Lauch, Fischsauce, Zwiebeln, Datteln, Damaszenerpflaumen, verkochtem Most und Olivenöl füllte, wurde ebenfalls mit Senf verfeinert. Eine Paste aus Senf, Kümmel, Kreuzkümmel, Karotten, Essig, Wein und verkochtem Most

würzte Hummer, während Meeräschen mit Senf, Haselnüssen, Minze, Raute, Rauke und Honig angemacht wurden. Thunfisch konnte in einer Lake aus Senf, Kreuzkümmel, Zwiebeln, Raute, Minze, Walnüssen und Olivenöl haltbar gemacht werden. Gedünsteter Fisch schmeckte mit einer Sauce aus Senf, Honig, Essig, Zwiebel, Oregano und Öl besonders gut, außerdem verfeinerte man Fischsuppen und Zubereitungen aus weniger begehrten Fischen mit etwas Senf.

Die Rezepte des Maestro Martino da Como

Während des gesamten Mittelalters kochten die Köche des Adels und die Hofköche mit Gewürzen aus dem Orient. Sie setzten Heilkräuter und Gewürze ein, die gegen die alltäglichen Krankheiten und Gebrechen ihrer Zeit helfen sollten. Ihr Wissen über die Wirkung der Kräuter und Gewürze der Natur bezogen sie aus sogenannten Herbarien. Das älteste uns erhaltene Herbarium ist die Abschrift eines Textes von Dioskurides aus dem sechsten Jahrhundert n. Chr. Dioskurides war ein griechischer Arzt und Botaniker, der in Rom lebte. Sein Buch enthält herrliche aquarellierte Abbildungen von Pflanzen, die aufgrund

ihrer naturgetreuen Wiedergabe sogar zur Bestimmung verwendet werden können.

In den folgenden Jahrhunderten erfuhren das Anlegen von Herbarien und die Pflanzenkunde durch das Entstehen der großen Klöster in ganz Europa Verbrei-

tung. Dabei kopierten die Mönche lediglich die Pflanzenbücher der Antike.

Nach einigen anonymen Werken im dreizehnten und vierzehnten Jahrhundert entstand erst im fünfzehnten Jahrhundert die erste richtige Abhandlung über die Gewürze, in der auch Senf und Senffrüchte erwähnt werden. Maestro Martino da Como verfaßte sein Werk *Libro de arte coquinaria* (dt. »Buch von der Kochkunst«; das Original befindet sich in der Library of Congress in Washington) vermutlich um die Mitte des fünfzehnten Jahrhunderts. Er erwähnt einen Senf, der zu kräftigen Fleischgerichten serviert wird. In der fünfundsechzig lose, handgeschriebene Blätter umfassenden Abhandlung beschreibt er die Zubereitung von Senf in etwa mit folgenden Worten: »Man nehme den Senf und lege ihn zwei Tage in Wasser ein. Das Wasser tausche man häufig aus, um es zu reinigen. Man halte auch geschälte Mandeln bereit, die zerstoßen werden sollen. Sind die Mandeln wohl zerstoßen, so gebe man besagten Senf dazu und zerstoße alles noch einmal sehr gründlich. Man füge guten sauren Traubensaft oder Essig hinzu sowie eine zerriebene Scheibe altbackenen Weißbrots. Danach passiere man die Paste durch ein Mulltuch oder einen Seiher und mache sie süß oder kräftig, wie es beliebet.«

Maestro da Como erwähnt erstmals auch einen Senf, der nicht als Marinade oder Konservierungsmittel, sondern eher als Speisenwürze im heutigen Sinne verwendet wird. Seine Anleitung lautet in etwa: »Man nehme Senf und zerstoße ihn sorgfältig; dann nehme man Rosinen und zerstoße sie ebenfalls so gut wie möglich. Man gebe etwas geröstetes Brot, etwas Sandelholz und Zimt sowie sauren Traubensaft oder Essig oder Most hinzu und lasse diese Komposition ruhen. Danach passiere man sie durch ein Tuch oder einen Seiher.« Sandelholz wurde zu feinem Pulver gemahlen und in winzigen Mengen als Gewürz verwendet.

In Martino da Comos Loseblattsammlung befindet sich außerdem eine Anweisung, wie man Senf zubereitet, der »in Stücken zu Pferde transportiert werden kann«. Der Verfasser schreibt: »Man nehme Senf und zerstoße ihn wie oben beschrieben. Dann gebe man sehr wohl zerstoßene Rosinen dazu. Zu diesen Sachen gebe man Zimmet und ein wenig Gewürznägelein. Daraus kannst du dann runde Kügelchen machen, die so aussehen wie die, die du mit der Armbrust verschießest, oder viereckige Stücke von einer beliebigen Größe. Du legest sie sodann zum Trocknen auf eine Tafel. Einmal getrocknet, kannst du sie von Ort zu Ort tragen, wie du willst. Und willst du sie gebrauchen, kannst du sie mit etwas saurem Traubensaft oder Essig oder verkochtem Most einweichen.«

Senf auf der Tafel des neunzehnten Jahrhunderts

Im sechzehnten und siebzehnten Jahrhundert bereiteten die Köche aus in Essig aufgesetztem Senfmehl und anderen Gewürzen eine Paste zu, die mit Zimt und Nelken verfeinert wurde. Die Kochbücher jener Zeit geben jedoch keinen Aufschluß darüber, wann neben dem klassischen Senf als Konservierungsmittel und Speisenwürze die ersten in Senfsirup eingelegten »Senffrüchte« aufkamen. Im neunzehnten Jahrhundert

waren Senffrüchte, die vor allem in Norditalien heute noch gern als Beilage gegessen werden, sowohl in der Lombardei als auch in der Toskana sehr beliebt. In den begüterten Haushalten der Lombardei hielt man sich an das maßgebende und gefragteste Kochbuch der Zeit, an den *Nuovo cuoco milanese economico* (in etwa: »Der neue wirtschaftliche Mailänder Koch«), der erst vor kurzem in Bologna als Faksimile-Ausgabe wieder neu aufgelegt wurde. Aus dem wertvollen Handbuch, das Anfang des neunzehnten Jahrhunderts erschien, zitieren wir das folgende Rezept:

»Man gebe in ein irdenes Gefäß sechs Unzen Senfmehl, sechs Unzen geriebenen Käse, etwas Salz, etwas Pfeffer und einen halben Korb Pannera. Man schlage alles gut auf, schlage zwei Eiweiß zu Schnee, gebe sie unter den Teig und bra-

te ihn mit geklärter Butter zu einer Frittata. Man serviere diese unverzüglich.« Pannera ist ein kräftiger lombardischer Käse. Wein oder Essig tauchen in diesem Rezept nicht mehr auf.
Nach *La scienza in cucina e l'arte di mangiar bene* (dt. »Von der Wissenschaft des Kochens und der Kunst des Genießens«) aus der Feder von Pellegrino Artusi machte man während des ganzen neunzehnten und zu Beginn des zwanzigsten Jahrhunderts in der Toskana eine Mos-

tarda aus je einem Kilo blauen und grünen Trauben (Mengenangaben für sechs Personen). Diese Trauben wurden wie beim Wein gekeltert und zu Most verarbeitet. Zusammen mit dem Most verkochte man auf mäßiger Flamme ein Kilo geschälte Renetten und Birnen. Diese Mischung wurde mit einem Holzlöffel sanft umgerührt, bis sie eindickte. Dann ließ man sie erkalten und gab 40 Gramm Senfmehl, das in etwas warmem Weißwein oder toskanischem Vinsanto

glattgerührt wurde, dazu. In diesen dicken Sirup legte man mindestens 100 Gramm fein gehacktes Zitronat ein. Das Ganze wurde dann mit etwas gemahlenem Zimt aromatisiert und in Einmachgläser gefüllt. Diese Zubereitung enthält zwar noch Wein, doch handelt es sich erstmals um eine Mostarda mit frischen und kandierten Früchten.

In anderen Regionen, vor allem in den Landesteilen Italiens, in denen viel Landwirtschaft betrieben wurde, kochte man Mostarda und ähnliche Beilagen, die an Festtagen zusammen mit Fleischgerichten auf den Tisch kamen.

Im ländlichen Piemont war es früher üblich, eine sogenannte »salsa delle api« (»Bienensauce«) zuzubereiten; dazu wurden Walnußkerne mit heißem Wasser überbrüht und anschließend im Mörser fein zerstoßen; eine halbe Tasse Nußmasse wurde mit einem Eßlöffel Brühe und zwei Eßlöffeln Senf verrührt. Manchmal gab man auch noch kleine Birnenstückchen darunter. Diese Paste wurde mit einem Holzlöffel glattgerührt und schließlich mit einem Glas Honig zu einer Sauce vermischt. Diese Sauce, die nicht gekocht werden mußte, servierte man zu Gesottenem. Gekühlt hält sie sich einige Tage lang frisch.

Eine gute hausgemachte Mostarda bestand früher aus Aprikosen, Feigen und den Schalen der Wassermelone. Die Früchte wurden gründlich gewaschen, die Melonenschalen zweimal 10 Minuten lang ausgekocht und anschließend in feine Scheiben geschnitten. Aus Wasser und Zucker bereitete man einen Sirup, in dem das Obst etwas weich gekocht wurde. Das vorbereitete Obst wurde in Einmachgläser gefüllt und mit feingehackten, scharfen Pfefferschoten oder ein paar weißen Pfefferkörnern gewürzt. Dann übergoß man das Ganze mit Sirup, so daß die Fruchtstücke bedeckt waren, und verschloß die Gläser.
Zum Schluß sei noch ein Hinweis des Literaten Olindo Guerrini erwähnt, der in der zweiten Hälfte des neunzehnten Jahrhunderts in der Romagna lebte, ent-

sprechend temperamentvoll war und das gute Essen liebte. Etwaige Reste eines Fischgerichts, besonders Sardellen in Kapernsauce, könne man, so Guerrini, wieder aufwärmen, mit Senfmehl würzen und gegebenenfalls mit etwas Wasser verrühren. Wurde der Fisch mit einer Eiersauce zubereitet, so durfte man das mit Senf verfeinerte Gericht nur im Wasserbad erwärmen.

SENF UND MOSTARDA IN DER INTERNATIONALEN KÜCHE

Die italienische Mostarda

Italienische Mostarda ist eine Beilage aus kandierten Früchten, die in einem mehr oder weniger dicken Sirup mit Gewürzen und Senf eingelegt sind. In der italienischen Küchentradition kennt man zwar verschiedene Mostardatypen, doch am bekanntesten sind zweifelsohne die Versionen aus Norditalien, namentlich aus den Regionen Lombardei, Vene-

tien und Emilia. Diese Versionen enthalten in Sirup eingelegte Früchte und Senf (oft eine Mischung aus weißem und schwarzem Senf) in der Form von Senfmehl oder Senfessenz. Die Essenz wurde ursprünglich in der Heilmittelkunde entwickelt, hat inzwischen aber auch Eingang in die Gastronomie gefunden. Sie ist in Kräuterapotheken in Tropfen erhältlich.

Für italienische Mostarda nimmt man in der Regel weißen Senf, doch aus älteren Rezeptsammlungen der Lombardei geht hervor, daß früher durchaus auch schwarzer Senf verwendet wurde. Nach diesen alten Rezepten tauchte man ausgesuchte Fruchtstücke (ganze kleine Früchte, in Spalten oder Scheiben geschnittene Früchte) in Zuckersirup, der

mit schwarzem Senfmehl gewürzt war. In der Regel wurde das weiße oder schwarze Senfmehl mit anderen gemahlenen Gewürzen vermischt. Je nach Geschmack und Senfmenge konnte man so eine mildere oder schärfere Mostarda zubereiten.

Der Sirup bestand aus einer konzentrierten Lösung aus Wasser und Zucker, die nach Belieben mit Kräutern, Wurzeln, Körnern, Rinden, Obstschalen oder Blüten von Heilkräutern versetzt, mit Salpetersäure oder Weinsteinsäure gesäuert und mit künstlichen oder natürlichen Farbstoffen gefärbt wurde. Nach dem offiziellen Arzneimittelbuch mußte der Sirup aus einem Drittel Zucker und zwei Dritteln Wasser bereitet werden. Heute verwendet man einen weitaus dünneren Sirup mit weniger Zucker.

Mostarda aus Cremona und Mantua

Die sogenannte »Mostarda di Cremona« besteht aus kandierten Früchten, die in einen leicht scharfen Sirup eingelegt werden. Für die »Mostarda di Mantua« legt man dagegen dünne Quittenscheiben in einen zarteren Sirup ein. Quitten sind für diese Art der Zubereitung wie geschaffen, da sie im Rohzustand wegen ihres sauren und holzigen Fruchtfleischs ungenießbar sind. In der Mostarda können sie jedoch ihren vollen und kräftigen Geschmack entfalten.
Früher wurde Mostarda ausschließlich in Handarbeit aus einer Mischung von einfachem Fruchtkompott und weißem Senfmehl hergestellt und schmeckte daher weitaus schärfer als die heutigen Industrieprodukte. Auch diese werden zunächst scharf gewürzt, weil sie so dem

Geschmack der Verbraucher entgegenkommen; diese Mostarda, die so bekömmlich ist, wenn man sie frisch als Beilage zu üppigen Speisen reicht, verliert aber im Laufe der Zeit ihre beißende Schärfe. Aus diesem Grund sollten Sie stets auf das Herstellungs- und Verfallsdatum achten und nur möglichst frische Mostarda kaufen.

Mit ihrem scharfen Aroma, das nur durch den süßen Sirup etwas abgemildert wird, paßt Mostarda vorzüglich zu

gesottenem Fleisch und zum berühmten italienischen Bollito misto aus gesottenem Geflügel, Rindfleisch und Cotechino (eine fette und grobkörnige Kochwurst). Mostarda wird auch zu säuerlichem Käse und zu Mascarpone gegessen. Ausgezeichnet schmeckt eine Portion Mostarda außerdem zu kräfti-

gem Fleisch vom Wild. Im Rezeptteil zeigen wir Ihnen anhand einiger schmackhafter Originalrezepte, wie Sie die süßlich-scharfe Mostarda richtig einsetzen können.

In früheren Zeiten war die kunstgerechte Zubereitung einer Mostarda der ganze Stolz einer Cremoneser Hausfrau. Es war eine besondere Herausforderung, viele verschiedene Obstsorten von erstklassiger Qualität und in ausreichenden Mengen aufzutreiben. Denn Mostarda wurde nie in Einzelportionen, sondern stets auf Vorrat gekocht.

Welche Obstsorten landen nun in einer Cremoneser Mostarda? Bei der Auswahl der geeigneten Früchte gilt es folgendes zu beachten: Äpfel müssen ein festes, nicht mehliges Fruchtfleisch besitzen, Birnen sollten noch etwas hart und fest und nicht zu saftig sein; auch bei Pfirsichen wählt man am besten Exemplare, die nicht allzu weich sind. Bei den Feigen sind noch leicht säuerliche Früchte vorzuziehen, ebenso bei Kirschen, Melonen und Kürbissen. Gewöhnlich kommen auch Zitronat und Orangeat in die Mostarda. Äpfel und Birnen werden geschält und entkernt, ebenso Kürbis und Melonen. Dann schneidet man die Früchte in Stücke und taucht sie in dicken Sirup (ein Drittel Zucker und

zwei Drittel Wasser), der mit etwas Zitronensaft gesäuert wurde. Früchte mit langer Garzeit (Äpfel, Birnen und Kürbis) kommen in den Sirup, sobald das

Wasser aufkocht und sich der Zucker ganz aufgelöst hat. Etwa zehn Minuten später gibt man Feigen, Melonen, Pfirsiche und das übrige Obst hinzu und läßt alles auf kleiner Flamme köcheln. Das Obst sollte weich werden, aber nicht zerkochen. Nach etwa fünf Minuten den Topf vom Herd ziehen und die einzelnen Fruchtstücke vorsichtig mit einer Schaumkelle herausfischen, abtropfen lassen und auf einem Küchentuch ausbreiten. Danach legt man die Fruchtstücke auf ein Kuchengitter und läßt sie in der Sonne leicht antrocknen.

Wenn die Früchte vorbereitet waren, gingen die Cremoneser ans Einmachen.

Dazu ließ man einen Liter trockenen Weißwein (in der Regel ein Monzambano oder Solferino aus der Gegend) mit einem Pfund Bienenhonig langsam und unter ständigem Rühren zu einem dicklichen Sirup verkochen. Zum Schluß gab man fünfzig Gramm weißes Senfmehl, das zuvor in etwas Weißwein glattgerührt wurde, in den Sirup und ließ diese Mischung einige Minuten bei mittlerer Hitze durchkochen. Dann zog man den Sirup vom Herd und ließ in leicht abkühlen. Nun legte man die Fruchstückchen in einer möglichst bunten Mischung in Einmachgläser und übergoß sie mit dem Senfsirup. Die Gläser wurden dann luftdicht verschlossen und einige Tage an einem dunklen und kühlen Ort aufbewahrt.

Auch die moderne Industrieversion der Mostarda di Cremona wird nach alter Tradition mit kandierten Früchten zubereitet.

Die Mostarda aus Mantua wird nach einem ähnlichen Verfahren gemacht, und noch heute kocht man sie – zumindest auf dem Land – zu Hause in Handarbeit ein. Die Version aus Mantua wird jedoch in der Regel nur mit einer Obstsorte zubereitet; wer keine Quitten verwenden will, nimmt kleine Äpfel mit festem und knackigem Fruchtfleisch.

Der Sirup wird wie in Cremona mit Honig oder Zucker gesüßt, doch statt Senfmehl nimmt man ein Extrakt in Tropfen, das man im Reformhaus oder in der

Apotheke kaufen kann. Die Quitten oder Äpfel werden geschält und in dünne Scheiben geschnitten, dann läßt man sie mindestens vierundzwanzig Stunden im Sirup ziehen, wobei man sie ab und zu wendet. Anschließend kocht man sie nur zwei bis drei Minuten, so daß sie noch bißfest bleiben. Man hebt die Obstscheiben heraus und läßt die Flüssigkeit zu einem dicken Sirup einkochen. Dann gibt man dic Obstscheiben wieder hinein und läßt alles zusammen erkalten. Nun erst würzt man die Mischung mit einigen Tropfen Senfextrakt (je nach gewünschter Schärfe bis zu zehn Tropfen auf ein Kilo Obst).

Mostarda in Venetien und in Asti

Die Mostarda Venetiens wird ebenfalls mit Quitten oder Birnen zubereitet, die zuvor mit süßem Weißwein angesetzt wurden. Nach dem traditionellen Rezept werden Obst (dem fein gehacktes Zitronat und Orangeat beigemengt werden) und Zucker zu gleichen Teilen verarbei-

tet. Das Obst wird abschließend zermust und mit fein zerstoßenen Senfkörnern gewürzt.

In der Gegend um Asti macht man auch heute noch eine sogenannte »Cotognata« (d.h. eine Art Quittenkompott), die im Volksmund aber »mustarda« genannt wird. Diese Cotognata/mustarda besteht aus Traubenmost, Quitten, Nüssen, Zucker und fein geschnittenem Dörrobst oder frischen Früchten. Das

Kompott, das trotz seines volkstümlichen Namens ganz ohne Senf auskommt, wird als Beilage gereicht.

Senf in aller Welt

Vor allem in Frankreich und Deutschland wird Senf in großem industriellem Maßstab hergestellt, wodurch die Zubereitung verschiedener Senfpasten mit unterschiedlichen Aromen und Schärfegraden möglich ist. Weltweit gibt es außerdem mindestens zwanzig verschiedene Produkte, die aus Senfsaat und ihren Derivaten hergestellt und mit so grundverschiedenen Aromen wie Paprika, Pfefferschoten, Pfeffer, Zitrone, Minze, Knoblauch und so weiter versetzt werden. Diese Gewürze finden vor allem in den komplexen und hocharomati-

schen Spezialitäten des Mittleren und Fernen Ostens Verwendung oder werden in verarbeiteter Form als Beilagen gereicht.

Die Tradition Frankreichs

Das französische Wort für Senf ist *moutarde*, eine Zusammenziehung des lateinischen Begriffs *mustum ardens*, »brennender Saft«. Denn in der Tat verleiht das Senfmehl dem Traubenmost, dem es beigemischt wird, einen brennenden und scharfen Geschmack. In Frankreich bezeichnet das Wort *moutarde* auch die Saucen und Pasten auf der Basis von weißem und schwarzem Senfmehl und

anderen mehr oder weniger scharfen Zutaten, die man gemeinhin als »Tafelsenf« bezeichnen könnte und die in ganz Frankreich ähnlich ausfallen.

Französische Handelsware stammt in der Regel aus industrieller Herstellung, die jedoch an alten Traditionen und Verfahren ausgerichtet ist. Die Senfsaat wird zu einem puderfeinen Mehl vermahlen, mit Essig oder Bier angesetzt und mit verschiedenen anderen Zutaten, wie Kräuter und Gewürze, oft nach einem Geheimrezept gewürzt. Französischer Senf ist ungeachtet seiner Schärfe stets sehr aromatisch und würzig.

Senf ist in Frankreich unverzichtbarer Begleiter für kalte Fleischgerichte und Wurstwaren aller Art. Welche Bedeutung die französischen Feinschmecker ihrem Senf beimessen, wird nicht zuletzt in folgendem Ratschlag deutlich, den der französische Schriftsteller und Gastronom Tancrède de Visa seiner Tochter vor der Wahl eines geeigneten Bräutigams mit auf den Weg gibt: »Arrangiere mindestens einmal ein Tête-à-tête mit deinem Freier, und lasse ihn den Salat anmachen. Dann erzählst du mir, wie er die Aufgabe angepackt hat. Hat er zuerst Pfeffer und Salz, dann Senf und zum Schluß den Essig drangetan? Wenn er es so gemacht hat, kannst du ihn ohne Furcht heiraten.«

Pierre Andrieu, französischer Gastronom unserer Zeit, zählt die Dinge auf, die aus seinem Land »das Frankreich, von dem alle Fremden träumen«, machen: »ein hübsches Landhaus, ein Schloß, ein Bach, eine Seezunge in Butter mit einem Toast au foie gras, ein Viertelliter Hauswein, eine Abtei, eine Flasche Weißwein und Dijonsenf.«

Seit langer Zeit werden die berühmtesten französischen Senfsorten in Dijon hergestellt. Dieser Senf wird fast immer aus einer gekonnten Mischung von weißem und schwarzem Senf gemacht. Das Senfmehl wird mit Weißweinessig, Weißwein, Traubenmost und Verjus angesetzt und mit Sardellen verfeinert. In der Küche verwendet man Dijonsenf zum Würzen von Fleisch, Fisch, Suppen, Saucen und Salaten. Bei Tisch wird Dijonsenf zu gesottenem und gegrilltem Fleisch und zu Käse gereicht. Neben Mayonnaise ist Senf die am häufigsten benützte Speisenwürze.
Aus dem Elsaß kommt die Senfspezialität mit dem Beinamen »à l'ancienne«, weil sie nach einem alten Verfahren zu-

bereitet wird; sie enthält noch die zerstoßenen Schalen der Senfkörner und bekommt dadurch einen kräftigeren Geschmack und eine breiigere Konsistenz. Die Senfspezialitäten aus Orléans und Bordeaux werden aus Senfkörnern gewonnen, die in feinstem Weinessig mazerieren, und zeichnen sich durch einen dunkleren Farbton aus.

Die berühmtesten französischen Senfsorten sind also: kräftiger, scharfer und goldgelber Dijonsenf; milderer und fast dunkelbrauner Senf aus Bordeaux und Orléans; und der relativ süßliche Elsäs-

ser Senf aus Meaux, der mit den zerstoßenen Schalen der Senfkörner hergestellt wird.

Senf in der englischen Küche

Das englische Wort für Senf, *mustard*, bezeichnet sowohl die Pflanze als auch die Samenkörner, das Senfmehl und das Endprodukt, den eigentlichen Speisesenf. Das bekannteste englische Senfprodukt ist das allgemein nur »English mustard« genannte Senfpulver, das es in Dosen zu kaufen gibt. Dafür werden weiße und schwarze Senfkörner zu feinem Mehl gemahlen und mit Gelbwurz vermengt.
Gelbwurz ist die Wurzel der Kletterpflanze Kurkuma, die in Indien und in den Tropengebieten Asiens beheimatet ist. Gelbwurz wird zu feinem Pulver gemahlen und in der Küche zum Färben von Speisen verwendet. Sie ist auch Bestandteil einer klassischen Currymischung. Senf, der mit Gelbwurz versetzt wird, erhält eine schöne goldgelbe Farbe. Die Pulvermischung des English

mustard wird mit kaltem Wasser angerührt, in dem es etwa zehn Minuten einweicht, und dann mit Zitronensaft oder Essig angesetzt; man kann es aber auch pur als Gewürz verwenden. Dieses Senfpulver kommt in der internationalen Küche beispielsweise an das klassische Bœuf Stroganoff.

Daneben gibt es noch eine klassische Senfpaste, die aus weißem und schwar-

zem Senfmehl, Wasser, Zucker, Salz, Weizenmehl und Gewürzen hergestellt wird. Dieser Senf ähnelt französischem Senf, schmeckt aber weitaus schärfer und stechender.

Bereits die Römer brachten die Kunst der Senfbereitung auf die britischen Inseln, doch erst im neunzehnten Jahrhundert begann man mit der Senfherstellung in großem Maßstab. Ein gewisser Jeremiah Colman übernahm eine Senffabrik und hatte mit seinem Rezept ungeahn-

ten Erfolg. Dieser Erfolg beruhte einer Anekdote zufolge nicht zuletzt auf dem berühmten »Senfrest am Tellerrand« – der Senf, der zu Fleisch und Wurst serviert wurde, war so scharf, daß man ihn gar nicht ganz aufessen konnte!
Der Import von Senf aus dem Orient nahm immer weiter zu, so daß Senf zum am meisten gehandelten Gewürz der Welt wurde.
Gegen Ende des neunzehnten Jahrhunderts begann man im östlichen England

Senf anzubauen. In den angelsächsischen Ländern werden Senf und Senfprodukte häufig verwendet und sind sehr geschätzt.

Im Rezeptteil zeigen wir Ihnen einige klassische Zubereitungen.

Ein beliebtes Gewürz

Staatsmänner, Könige und große Künstler aller Zeiten und aller Länder schätzten Senf als Speisenwürze.
In Deutschland oder Österreich wären die Würstchenbuden an Plätzen und Straßenecken, vor Bahnhöfen und Fußballstadien ohne Senf nicht denkbar. Der deutsche und österreichische Senf, der zu den Würstchen gereicht wird, ist milder als die englische Variante. Eine Sonderform ist der süße bayrische Weißwurstsenf, der eine relativ dunkle Farbe besitzt und mit zerstoßenen Schalen, Kräutern und Gewürzen verfeinert wird. Einige berühmte Persönlichkeiten ha-

ben den Senf salonfähig und berühmt gemacht.
Dazu gehört auch Reichskanzler Otto von Bismarck. Wann immer es ihm seine Regierungsgeschäfte erlaubten, gönnte er sich ein Frankfurter Würstchen mit einer ordentlichen Portion scharfem Senf. Aber auch der Preußenkönig Friedrich Wilhelm IV. soll den heißen Würstchen, die ein eigens dafür abgestellter Kammerdiener stets warm halten mußte, sehr zugetan gewesen sein. Der Senf wurde im königlichen Haushalt natürlich mit einem Silberlöffel auf die Würstchen gestrichen.
Als die Österreicher die Lombardei und Venetien besetzt hielten, versuchten sie, die Würstchen auch in Mailand einzuführen, indem sie den Verkauf in der Innenstadt erlaubten (was in Trient und Verona bereits seit langem der Fall war).

Die Mailänder rümpften angesichts der dampfenden Würstchenkarren jedoch die Nase und boykottierten die Initiative der Österreicher (wie sie auch um die Zigarren und Zigaretten der österreichischen Besetzer einen großen Bogen machten).

Der französische Maler Claude Monet soll ein ausgesprochener Liebhaber von Dijonsenf gewesen sein. Als Sohn eines

Otto von Bismarck

Drogisten in der Pariser Rue de Clery kannte er von Kindheit an die Senfgläser, die zwischen Saucen und indischen Teesäcken in den Regalen des väterlichen Geschäfts fein aufgereiht standen. Monets Leben war viele Jahre von finanzieller Not und Depressionen gezeichnet; doch dem Künstler gelang es, trotz des steten Andrangs seiner Gläubiger, ein Leben als »Bohémien« zu führen, zu dem nach seiner Auffassung die einfache und deftige Kost der bretonischen und normannischen Bauern gehörte. Als er 1873 die Bekanntschaft des Sonntagsmalers und wohlhabenden Sammlers Gustave Caillebotte machte, festigte sich seine finanzielle Stellung. Er lebte eine Zeitlang auf einem Hausboot auf der Seine bei Argenteuil, wo er endlich auch im Freien malen konnte. Während jener

Zeit aß er sehr unregelmäßig, meist nur etwas Grillfleisch, das er mit Dijonsenf verfeinerte. Die Liebe zum Dijonsenf ist Monet auch in seinen erfolgreichen Jahren geblieben. Wir wissen, daß er stets versuchte, auf einfache Art zu leben, gesunde und schmackhafte Kost zu essen – und dazu gehörte natürlich der Senf, den er bereits aus dem Geschäft seines Vaters in der Rue de Clery kannte.

REZEPTE

Die bei unseren Rezepten angegebenen Senfsorten lassen sich beliebig durch andere Senftypen, die im Handel erhältlich sind, ersetzen. Probieren Sie beispielsweise einmal englischen Senf mit Honig oder Traubensaft, Dijonsenf mit Knoblauch oder mit Pfefferkörnern oder auch Meerrettichsenf.

Senf – Grundrezept

Zutaten: 3 EL weiße und schwarze Senfkörner, 1/2 l Wasser, 1 EL Salz, 10 weiße Pfefferkörner, 6 EL Weißweinessig

Die Senfkörner in eine Glasschale geben. Das Wasser mit dem Salz zum Kochen bringen und dann über die Senfkörner gießen. Einen halben Tag durchziehen lassen. Abgießen und die eingeweichten Senfkörner zusammen mit den Pfefferkörnern im Mörser zerstoßen. Den Essig aufkochen lassen und die zerstoßenen Senfkörner einrühren. Dieser grobkörnige Senf schmeckt sehr kräftig.

Der Senf läßt sich einfach herstellen und hält sich im Kühlschrank einige Zeit frisch. Verwenden Sie ihn anstelle von Dijonsenf.

Vinaigrette – Grundrezept

Zutaten für einen Salat für 4 Personen:
Salz, 2 EL Weißweinessig, 4 EL natives Olivenöl extra, 1 EL Dijonsenf, weißer Pfeffer aus der Mühle

Etwas Salz im Essig auflösen. Das Öl, den Senf und den Pfeffer in ein Schälchen geben. Mit einem Schneebesen verrühren und langsam das Essiggemisch unterziehen. Sobald alle Zutaten gut vermischt sind, die Vinaigrette sofort über den Salat geben, weil sie wie eine typische Emulsion sonst gleich wieder auseinanderläuft.

Die Vinaigrette läßt sich mit beliebigen Zutaten verfeinern. Geben Sie beispielsweise Gewürzkräuter wie Basilikum, Schnittlauch oder Estragon dazu, oder aromatisieren Sie die Vinaigrette mit fein gehacktem Knoblauch oder Zwiebelchen. Sie können nach demselben Rezept auch eine Citronette zubereiten, indem Sie den Essig durch Zitronensaft ersetzen. Wenn Sie eine cremigere Salatsauce wünschen, können Sie etwas Sahne oder Joghurt unterrühren.

Englische Mornaysauce mit Senf

Die Mornaysauce verwendet man zum Gratinieren von Fisch, Fleisch und Gemüse.

Zutaten für 400 ml Sauce: 300 ml Milch, 1 kleine, feingehackte Zwiebel, 1 gehackter Selleriestengel, 1 gehackte Mohrrübe, 30 g Butterflöckchen, 30 g Mehl, 1 EL Senfpulver oder English mustard, 120 g geriebener Cheddar (ersatzweise geriebener Emmentaler)

Die Milch zusammen mit dem Gemüse kurz aufkochen und anschließend einige Minuten durchziehen lassen. In der Zwischenzeit in einem Topf aus der Butter und dem Mehl eine Mehlschwitze bereiten (2 Minuten rösten). Vom Herd nehmen. Die Milch durch einen Durchschlag seihen und zur Mehlschwitze in den Topf gießen. Unter ständigem Rühren aufkochen lassen. Dabei auch das Senfpulver hineinsieben. Das Ganze zugedeckt 20 Minuten auf kleiner Flamme durchköcheln. Vom Herd nehmen, in eine Schüssel umgießen und mit dem geriebenen Käse bestreuen.

Wenn Sie die Sauce im voraus zubereiten wollen, etwas mehr Milch verwenden, weil die Milch im Laufe der Zeit eindickt.

Eine klassische Mornaysauce unterscheidet sich nur durch die Zugabe von geriebenem Käse, der zum Überbacken notwendig ist, von einer klassischen Béchamelsauce.

Senfbutter

Zutaten: 1 EL Senfpulver, 100 g feine Tafelbutter
Das Senfpulver mit der Butter verrühren.
Diese Senfbutter wird in England vor allem gerne zu geräuchertem Hering gegessen.

Ketchup

Zutaten für 1 l Ketchup: 2 kg Eiertomaten (waschen, putzen und vierteln), 3 rote Zwiebeln (in Ringe hobeln), 2 rote Paprikaschoten (in Streifen schneiden), 2 zerstoßene Knoblauchzehen, 2 scharfe Pfefferschoten, 1 in der Mitte gefaltetes Lorbeerblatt, 1 EL Senfpulver (mit 2 Eßlöffeln Wasser verrühren und 10 Minuten ziehen lassen), 1 TL schwarze Pfefferkörner, 1 kleine Zimtstange, 1/2 EL grobkörniges Salz, 20 g brauner Zucker, 10 g weißer Zucker, 100 ml Weißweinessig
Tomaten, Zwiebelringe, Paprikastreifen und Knoblauch in eine große Pfanne geben. Abdecken und 30 Minuten bei mittlerer Hitze schmoren lassen; den Deckel

abnehmen und weitere 30 Minuten schmoren. Durch eine Gemüsemühle passieren. Das Püree in einen Topf gießen und mit den Pfefferschoten, dem Lorbeerblatt, dem angesetzten Senf, Pfeffer, Zimt und Salz würzen. Bei mittlerer Hitze etwa 30 Minuten einkochen lassen. Nun auch die beiden Zuckersorten und den Essig hinzufügen. Weitere 20 Minuten durchkochen, bis der Ketchup eine cremige Konsistenz erhält. Mit dem Mixer glattpürieren und in Einmachgläser füllen. Nach Herstellerangaben sterilisieren. Angebrochene Gläser im Kühlschrank aufbewahren, weil sich der Ketchup ohne Konservierungsstoffe nicht sehr lange hält.

Remouladensauce

Zutaten für 4 Personen: 2 hartgekochte Eier, 1 EL scharfer Dijonsenf, 3 EL natives Olivenöl extra, 1 EL Weißweinessig, Salz
Die hartgekochten Eier zerdrücken und mit Senf, Öl, Essig und Salz vermischen.

Südafrikanische Barbecuesauce

Zutaten für 4 Personen: 4 EL Mayonnaise, 2 EL Ketchup, Saft einer halben Zitrone, 1 TL Worcestershiresauce, 1/4 kleine, feingehackte Zwiebel, 1 EL Senfpulver oder Englisch mustard (mit 2 TL kaltem Wasser vermischen und 10 Minuten durchziehen lassen), 4 Tropfen Tabascosauce, schwarzer Pfeffer aus der Mühle
Sämtliche Zutaten mit einem Holzlöffel oder einem kleinen Schneebesen in einem Schälchen verrühren. Bis zum Servieren im Kühlschrank aufbewahren.
Diese Barbecuesauce schmeckt ausgezeichnet zu frisch gegrilltem Fleisch. Sie paßt zu Rind- und Schweinefleisch sowie zu Lamm.

Sauce für Carpaccio nach der Art von Harry's Bar in Venedig

Zutaten für 4 Personen oder für 400 g hauchfein aufgeschnittenes Rinderfilet: 4 EL Mayonnaise (vorzugsweise hausgemacht aus: 1 Ei, 70 ml zartem nativem

Olivenöl extra, dem Saft einer halben Zitrone, Salz und Pfeffer), 2 TL scharfer Dijonsenf, 2 EL Worcestershiresauce, 2 EL Ketchup, 2 EL Cognac, 4 EL Sahne
Sämtliche Zutaten mit einem Holzlöffel oder einem kleinen Schneebesen in einem Schälchen verrühren. Bis zum Servieren im Kühlschrank aufbewahren. Die Sauce läßt sich bereits einen Tag im voraus zubereiten.
Das Fleisch auf vier Portionsteller verteilen und mit der Sauce überziehen. Schmücken Sie die einzelnen Portionen nach Belieben mit feingeschnittenem Sellerie.
Die Sauce paßt auch zu einem klassischen Krabbencocktail, wie er in den siebziger Jahren so in Mode war.

Wildbeize

Zutaten für ein 1 kg schweres Bratenstück: 1 Glas Rotwein, 3 EL Rotweinessig, 1/2 TL gemahlene oder zerstoßene Gewürznelken, 1 TL brauner Zucker, 1 EL Senfpulver oder English mustard (mit 2 EL kaltem Wasser glattrühren und 10 Minuten durchziehen lassen, damit sich das typische Aroma entfaltet), 3 in der Mitte gefaltete Lorbeerblätter, 1 rote Zwiebel, in Ringe geschnitten, 1 zerstoßene Knoblauchzehe, 3 EL natives Olivenöl extra

Alle Zutaten in einen Topf geben und einmal aufkochen lassen. Vom Herd ziehen und erkalten lassen. Das Fleisch in eine Glas- oder Tonschale legen und mit der Beize übergießen. Mit Klarsichtfolie abdecken, und das Fleisch an einem kühlen Ort einige Stunden oder bis zu zwei Tage durchziehen lassen. (Die Einwirkzeit der Beize hängt vom jeweiligen Bratenstück ab; wenn es von einem älteren Tier stammt und einen starken Wildgeruch besitzt, muß es zwei Tage durchziehen). Das Fleisch aus der Beize heben, abtropfen lassen und abtrocknen und wie gewohnt zubereiten.

Welsh Rarebit (Käsetoasts)

Servieren Sie dieses traditionelle englische Rezept als Vorspeise oder als Appetithappen.

Zutaten für 4 Personen: 40 g Butter, 1/2

TL Senfpulver, 1 TL Mehl, 100 ml Milch oder 50 ml Milch und 50 ml Bier, 2 TL Worcestershiresauce, 4 Scheiben Toastbrot ohne Rinde, 200 g geriebener Cheddar oder Emmentaler, Salz

10 Gramm Butter in einem Töpfchen zerlassen. Das Mehl und das Senfpulver einstreuen. 2 Minuten bei mittlerer Hitze anschwitzen und dann die kalte Milch hinzugießen. Unter ständigem Rühren zum Kochen bringen, mit der Worcestershiresauce würzen und 10 Minuten durchkochen. In der Zwischenzeit die Toastscheiben rösten, halbieren und mit der restlichen Butter bestreichen. Die Sauce vom Herd ziehen und ca. 150 Gramm Käse einrühren. Die Brotscheiben mit der Sauce bestreichen und mit dem restlichen Käse bestreuen. Bis zu diesem Punkt lassen sich diese Happen auch vorbereiten.

Unmittelbar vor dem Servieren die Brotscheiben unter dem Grill goldbraun überbacken. Sie können die Brotscheiben auch ganz lassen und mit einem verlorenen Ei servieren – das nennt sich dann *Buck Rabbit* und ist ein schnelles Mittagessen oder eine vegetarische Hauptspeise.

Salziger Kuchen

Der salzige Kuchen gibt eine köstliche, rustikale Vorspeise ab und macht auch auf einem Büffet eine gute Figur.
Zutaten für 6 Personen: 350 g Blätterteig, 2 TL scharfer Dijonsenf, 120 g Greyerzer, 3 reife Tomaten (häuten und in feine Streifen schneiden), Butter
Backherd auf 240 Grad vorheizen. Eine gebutterte Form (26 cm Durchmesser) mit dem Blätterteig auskleiden. Mit Senf bestreichen. Den Käse raspeln und auf dem Teig verteilen, dann die Tomatenstreifen einschichten. Im heißen Ofen backen, bis sich der Blätterteig aufplustert. Heiß oder kalt servieren.

Normannensalat

Zutaten für 4 Personen: 3 grüne Äpfel (Granny Smith), Saft einer Zitrone, 1 Kopf Escariol oder Endiviensalat (ca. 300 g), Salz, 200 g geschälte Shrimps, 2 EL milder Dijonsenf, 200 g Sahne, weißer Pfeffer aus der Mühle
Die Äpfel schälen, vierteln und entkernen. In kaltes Wasser tauchen, das mit

der Hälfte des Zitronensafts gesäuert wurde. Den Salat feinstreifig aufschneiden. Einen Liter Wasser zum Kochen bringen. Großzügig salzen und die Shrimps 30 Sekunden darin blanchieren. Abgießen und abtropfen lassen.
Senf, Sahne, den restlichen Zitronensaft, Salz und Pfeffer in einem Schälchen verrühren. Die Äpfel würfeln. Den Salat in eine Schüssel geben, die Apfelstückchen und die Shrimps hinzufügen. Mit der Salatsauce übergießen und bei Tisch durchmischen.
Wenn Sie den Salat einige Zeit im voraus zubereiten, sollten Sie die Äpfel erst vor dem Servieren würfeln und unter den Salat heben.

Salat mit gebratenem Speck und Vinaigrette

Zutaten für 4 Personen: 200 g durchwachsener Räucherspeck, 8 EL natives Olivenöl extra, 1 Kopf gekrauster Salat (ca. 400 g), 1 EL grobkörniger Senf, 3 EL Rotweinessig, schwarzer Pfeffer aus der Mühle, Salz
Den Räucherspeck würfeln. 2 EL Öl in

einer Pfanne erhitzen und die Speckwürfel darin knusprig braten. Auf Küchenpapier abtropfen lassen. Den Salat putzen und zurechtschneiden und in eine Schüssel geben. Die übrigen Zutaten in ein Schälchen füllen und zu einer Vinaigrette verrühren. Den Salat damit anmachen. Die Speckwürfel darüberstreuen.
Den Salat unverzüglich servieren, weil die knackigen Blätter sonst zusammenfallen.

Salade niçoise

Zutaten für 4 Personen: 300 g grüne Bohnen, 3 mittelgroße Kartoffeln, 3 mittelgroße Tomaten (achteln), 1 grüne oder rote Paprikaschote (in Streifen schneiden), 1 Selleriestengel (in Streifen schneiden), 3 hartgekochte Eier (vierteln), 200 g Thunfisch in Öl (abtropfen lassen), 4 Sardellenfilets ohne Gräten, 80 g schwarze Oliven, 1 Maizwiebel oder 1 kleine rote Zwiebel (in dünne Ringe schneiden), 1 Bund feingehackte Petersilie; nach Belieben außerdem: 1 zer-

stoßene Knoblauchzehe, 1/2 Gurke (schälen und in dünne Scheiben hobeln)
Für die Vinaigrette: 4 EL natives Olivenöl extra, 2 EL Rotweinessig, 1 TL scharfer Dijonsenf, Pfeffer aus der Mühle, Salz
Die grünen Bohnen in sprudelndem Salzwasser bißfest garen. Die Kartoffeln mit der Schale in kaltem Wasser aufsetzen und weich kochen. Das Gemüse abgießen und abkühlen lassen, dann die Kartoffeln schälen und kleinschneiden. In eine Schüssel füllen; die Bohnen hinzufügen, dann die Tomatenachtel, die harten Eier und die Zwiebelringe dekorativ obenaufsetzen; nach Belieben auch die übrigen Zutaten hinzufügen. Den Salat bis zum Servieren kalt stellen. Vor dem Anrichten die Zutaten für die Vinaigrette verrühren. Über den Salat träufeln und bei Tisch durchmischen.

Gemüsestrudel mit Senffrüchten

Zutaten für 4 Personen:
Für die Füllung: 800 g Blattspinat, Salz, 2 EL grobkörniger Senf (Grundrezept Seite 71), 200 g Senffrüchte (abtropfen

lassen), 300 g Ricotta, 100 g geriebene Ricotta salata (ersatzweise Pecorino)
Für den Teig: 250 g Mehl, 1 Ei, 100 ml Wasser, 50 ml Öl, 1 TL Zucker, 1 Prise Salz, außerdem: 1 mit etwas Wasser verquirltes Eigelb zum Bepinseln
Den Spinat waschen und mit dem Wasser, das noch an den Blättern haftet, und etwas Salz in einen Topf füllen. Abdecken und bei mittlerer Hitze 3 Minuten dämpfen. Wenden und 2 Minuten weiterdämpfen. Abtropfen und erkalten lassen.
In der Zwischenzeit das Mehl für den Teig auf eine Arbeitsfläche sieben. Das Ei mit den übrigen Zutaten verrühren. Eine Mulde in den Mehlhaufen drücken und die Eimischung hineingießen. Langsam zu einem Teig verrühren; zu einer weichen Kugel formen. Den Teig 10 Minuten durchkneten. Dabei wird der Teig schön glatt und trocken. Einen leeren Topf anheizen und heiß über den Teig stülpen. Den Teig ruhen lassen, bis der Topf wieder abgekühlt ist.
Unterdessen den Spinat auswringen und grob hacken. Die Senffrüchte zerkleinern.
Ein Küchentuch auf der Arbeitsfläche ausbreiten und bemehlen. Den Teig zunächst mit einem Nudelholz auf dem Tuch ausrollen, dann mit dem Handrücken von unten zu einer Scheibe mit 40 cm Durchmesser ausziehen. Der Teig ist sehr elastisch und läßt sich relativ leicht bearbeiten. Darauf achten, daß Sie

möglichst wenige Löcher in den Teig reißen (ein paar werden sich nicht vermeiden lassen und tun dem Strudel auch keinen Abbruch).
Den Backofen auf 180 Grad vorheizen.
Spinat, Ricotta, Senf, Senffrüchte und Ricotta salata auf dem Teig verteilen, den Rand aber frei lassen. Den Teig mit Hilfe des Küchentuchs aufrollen. Den Strudel in eine ofenfeste Form setzen, mit dem verquirlten Eigelb bestreichen und 40 Minuten im heißen Herd goldbraun backen.
Heiß oder kalt in Scheiben schneiden, eventuell mit Senffrüchten dekorieren und als Vorspeise oder im Rahmen eines Büffets servieren.

Garnelenrisotto

Zutaten für 4 Personen: 800 g Garnelen mit der Schale, 6 EL Olivenöl, 1/2 feingehackte Zwiebel, 2 gehackte Knoblauchzehen, 350 g Risottoreis (vorzugsweise die Sorte Baldo, Carnaroli oder Vialone nano), 1 Gläschen Cognac, 1/2 TL Safran, 1 EL Senfpulver oder English mustard (10 Minuten in 2 EL kaltem Wasser einweichen lassen, damit sich das typische Aroma entfaltet), 1 Bund gehackte Petersilie, 40 g Butter

Für die Brühe: 1 kleine Zwiebel (halbieren), 1 feingeschnittener Selleriestengel, 1 kleine Möhre in Scheiben, 1 Thymianzweig, einige weiße Pfefferkörner, einige Petersilienstengel, 1 gefaltetes Lorbeerblatt, Salz

Garnelen schälen und putzen; Köpfe und Schalen mit 2 Liter kaltem Wasser aufsetzen. Zum Kochen bringen, abschäumen, dann alle Zutaten für die Brühe hinzufügen und eine Stunde lang bei leiser Hitze auskochen. Erst zum Schluß salzen; das Gemüse abschöpfen und die Brühe weiterköcheln lassen.

Die Hälfte der Garnelen hacken. Die Hälfte des Öls in einem Pfännchen erhitzen; die Zwiebel 5 Minuten sanft darin andünsten, den Knoblauch hinzufügen, dann auch die gehackten Garnelen unterheben. 2 Minuten sanft dünsten. Vom Herd nehmen.

Das restliche Öl in einem Topf heiß werden lassen. Den Reis hinzufügen und einige Minuten bei kräftiger Hitze und unter ständigem Rühren anrösten. Den Cognac angießen und verdampfen lassen. Den Reis mit etwas Brühe bedecken und die Flüssigkeit einkochen lassen. Sie können das Risotto bis zu diesem Punkt vorbereiten und erst später fertiggaren.

Die Brühe nun portionsweise angießen und den Reis 10 Minuten garen. Den

Safran in etwas heißer Brühe auflösen und unter den Reis rühren. Jetzt auch den Senf hinzufügen und 5 Minuten mitkochen. Dann die ganzen Garnelen und die angedünsteten Garnelen mit ihrem Bratsaft hineinrühren. Den Topf vom Herd nehmen. Das Risotto mit Butter und Petersilie verfeinern. Abdecken und vor dem Servieren 2 Minuten durchziehen lassen.

Mantovaner Kürbistortelli

Zutaten für 4 Personen:
Für die Füllung: 1 kg süßliches und möglichst trockenes Kürbisfleisch, 100 g fein zerriebene Amaretto-Makronen, 100 g Mostarda di Cremona (vorzugsweise feingehackte Feigen und Pfirsiche) oder Mostarda di Mantova (nur Quitten), 100 g geriebener Parmesan, 2 Eier, 1 Prise Muskat, die abgeriebene Schale einer halben Zitrone, Salz
Für den Teig: 200 g Mehl, 2 Eier, 2 EL Wasser, 100 g Grieß
Für die Sauce: 50 g Butter, 1 feingehackte Zwiebel, 300 g Tomatenpüree, 1 Prise Zimt, Salz

Die Füllung zubereiten: Das Kürbisfleisch zerkleinern und entkernen. In eine ofenfeste Form geben und im 200 Grad heißen Backrohr weich garen (ca. 45 Minuten). Aus dem Rohr holen und etwas abkühlen lassen.

Durch den Fleischwolf drehen und in ein Tuch füllen. Gut ausdrücken. Sie können das Kürbispüree auch in ein Mulltuch schlagen und über Nacht abtropfen lassen. Das Kürbispüree mit Amaretto-Makronen, Mostarda, Eiern, Parmesan, Muskat, Zitronenschale und Salz vermischen. Wenn die Farce zu grobkörnig ausfällt, alles noch einmal durch den Fleischwolf drehen. Die Masse sollte schön trocken sein; nach Bedarf mit etwas mehr Amaretti oder Parmesan binden.

Die Füllung können Sie bereits am Vortag vorbereiten oder einfrieren.

Teigbereitung: Das Mehl auf eine Arbeitsfläche sieben und zu einem Kegel aufhäufen. Eine Vertiefung in die Mitte drücken. Die Eier sorgfältig mit dem Wasser verquirlen und in die Vertiefung gießen. Rasch mit dem Mehl verarbeiten und zur Kugel formen.

Die Arbeitsfläche reinigen und den Teig 20 Minuten durchkneten, bis er glatt und elastisch wirkt. Noch 30 Minuten ruhen lassen.

Nun den Teig sehr dünn ausrollen und zu Quadraten mit ca. 5 cm Kantenlänge schneiden. Kleine Portionen von der Füllmasse in die Mitte der Quadrate set-

zen und mit einem zweiten Teigblatt abdecken. Die Ränder gut festdrücken.
Die fertigen Tortelli auf einem mit Grieß bestreuten Küchentuch lufttrocknen lassen.
Sauce: Die Butter in einem Pfännchen zerlassen. Die Zwiebel 10 Minuten sanft darin andünsten. Das Tomatenpüree hinzufügen und 30 Minuten bei mittlerer Hitze köcheln lassen. Mit Zimt und Salz abschmecken.
Die Tortelli in reichlich Salzwasser garen, mit der Sauce und einer großzügigen Portion Parmesan anrichten.

Seeteufel gebraten

Zutaten für 4 Personen: 1 Seeteufel (ca. 1 kg), 1 1/2 l Fischfond (2 l Wasser mit 100 ml trockenem Weißwein, 1 geschälten und gewürfelten Möhre, 1 gewürfelten Selleriestengel, 1 in Ringe geschnittenen Zwiebel, 1 zerstoßenen Knoblauchzehe, einigen Petersilienstengeln, einem gefalteten Lorbeerblatt, 1 Thymianzweig und weißen Pfefferkörnern aufsetzen und 20 Minuten durchkochen), 1 Portion Vinaigrette nach dem

Rezept von Seite 72, 1 hartgekochtes Ei, ein paar Petersilienblättchen, 1 TL frisch gehackter Thymian und Majoran, 1/2 EL Gewürzpaprika, 50 ml Erdnußöl oder natives Olivenöl extra

Seeteufel lebt auf sandigem Meeresgrund. Das furchterregende Kopfteil des Fisches wirkt sehr breit und gedrungen; in den Handel kommt jedoch nur das Schwanzende, das sich nach hinten verjüngt.

Den Fisch entgräten und in den kochenden Fischfond legen. 10 Minuten darin garen und abkühlen lassen. Die Vinaigrette zubereiten, das hartgekochte Ei fein hacken und zusammen mit der gehackten Petersilie, dem Thymian und Majoran unter die Vinaigrette heben. Den abgekühlten Fisch auf Küchenkrepp abtropfen lassen, dann in eine Pfanne legen und mit dem Öl übergießen. Mit Paprika (oder mit einer fein gehackten Pfefferschote) würzen und bei mittlerer Hitze auf beiden Seiten kurz braten. Nach Wunsch auf Salatblättern anrichten. Die Vinaigrette getrennt dazu reichen.

Roastbeef

Zutaten für 6 Personen: 2 EL Mehl, 2 EL Senfpulver oder English mustard, 1,2 kg Roast beef (oder ein anderes Fleischstück, das fast roh gegessen werden kann), 40 g Butter, Salz, 50 ml trockener Weißwein, 2 EL Worcestershiresauce, 1 EL Fleisch- oder Gemüsebrühe, schwarzer Pfeffer aus der Mühle

Das Mehl in einem Pfännchen 4–5 Minuten anrösten. Den Senf hinzufügen und die Pfanne vom Herd ziehen.

Das Fleischstück mit der Butter bestreichen, dann mit der Senfmischung einreiben. Mindestens 3 Stunden durchziehen lassen.

Die Bratröhre auf 220 Grad vorheizen. Das Fleisch salzen und auf einen Bratrost legen. 15 Minuten im heißen Rohr braten. Dann in Alufolie schlagen. Bis zu diesem Punkt läßt sich das Roastbeef vorbereiten.

Nun die Brattemperatur auf 170 Grad reduzieren und das Fleisch 20–25 Minuten weiterbraten, wenn es noch blutig bis medium sein soll. Das Fleisch sollte allerdings nicht stärker durchbraten, weil es sonst trocken und zäh wird. Das Fleisch aus dem Rohr holen und den Bratsaft aus der Alufolie abschöpfen.

Den Saft aufkochen lassen. Weißwein, Worcestershiresauce und die Brühe hinzufügen. Salzen und pfeffern und etwas einkochen lassen.

Das Fleisch in Scheiben schneiden und

auf vorgewärmten Tellern anrichten. Mit der Sauce überziehen.
Roastbeef sollten Sie nur demjenigen servieren, der blutiges Fleisch mag, denn länger gebraten wird das Fleisch faserig, zäh und trocken.

Bœuf Stroganoff

Zutaten für 4 Personen: 2 TL Senfpulver oder English mustard, 300 g Rinderfilet oder Rinderkotelett in feinen Streifen (1 x 5 cm), 1 EL Mehl, 100 g Butter, 1 fein gehackte Schalotte, 50 ml trockener Sherry, 4 EL Tomatenpüree oder 2 EL Tomatenmark, Salz, 4 EL saure Sahne oder Naturjoghurt
Senf mit 2 Eßlöffeln kaltem Wasser anrühren und 10 Minuten ruhen lassen. Die Fleischstreifen mit Mehl überstäuben, überschüssiges Mehl abklopfen.
60 Gramm Butter in einer Pfanne zerlassen. Das Fleisch darin kräftig anbraten. Aus der Pfanne heben und im 80 Grad warmen Backrohr warm halten.
Die Butter abgießen und die restliche Butter in die Pfanne geben. Die Schalot-

te 3 Minuten darin andünsten. Mit dem Sherry ablöschen. Tomaten und Senf hinzufügen und mit Salz abschmecken. Vom Herd ziehen und die saure Sahne unterrühren.
Das Fleisch in die Sauce setzen und sofort servieren.
Die Sauce läßt sich auch im voraus zubereiten. Dann das bemehlte Fleisch erst zum Schluß scharf anbraten und in die aufgewärmte Sauce setzen. Dieser Klassiker der internationalen Küche wird mit Reispilaw oder gedünstetem Reis serviert.

Brustspitz in Senfsauce

Zutaten für 4 Personen: 800 g Brustspitz vom Rind, 2 kleine weiße Zwiebeln, 1 mittelgroße Möhre (halbieren), 2 EL Senfpulver oder English mustard, schwarzer Pfeffer aus der Mühle, Salz
Den Brustspitz in eine große Glasschale legen. Mit kaltem Wasser bedecken und über Nacht an einem kühlen Ort ruhen lassen. Das Fleisch abgießen und in einen Bräter setzen. Zwiebeln, die Möh-

renhälften, Senf, Pfeffer und Salz hinzufügen. Zu dreiviertel mit kaltem Wasser bedecken. Zum Kochen bringen, abdecken und auf kleiner Flamme eine Stunde garen. Das Fleisch läßt sich auch vorbereiten und wieder aufwärmen. Zu dieser englischen Spezialität reicht man am besten gedünstetes Gemüse.

Südafrikanischer Hackbraten (Bobotie)

Zutaten für 4 Personen: 1 EL Öl, 1 kleine gehackte Zwiebel, 500 g Rinderhack, 1 EL Aprikosenmarmelade, 1 EL Rosinen, 1 Prise Gelbwurz, 1 EL Senfpulver oder English mustard (10 Minuten in 2 EL kaltem Wasser einweichen, damit sich das typische volle Aroma entfalten kann), 150 g Weißbrot (4 Scheiben vorab in Wasser einweichen, anschließend ausdrücken und fein hacken), 1 EL Essig, schwarzer Pfeffer aus der Mühle, Salz, 1 walnußgroßes Stück Butter für die Form, 1 Ei, 1/2 l Milch, 1 Lorbeerblatt

Das Öl in einem Pfännchen erhitzen und

die Zwiebel 5 Minuten sanft darin andünsten.
Das Rinderhack in eine Schüssel geben und mit der gedünsteten Zwiebel, der Marmelade, den Rosinen, Gelbwurz, Senf, Weißbrot, Essig, Salz und Pfeffer vermengen.
Den Backherd auf 180 Grad vorheizen. Eine feuerfeste Form buttern und den Fleischteig hineinsetzen. Das Ei mit der Milch verrühren, kräftig würzen und über das Fleisch gießen. Das Lorbeerblatt obenauflegen. Ins heiße Rohr schieben und etwa eine Stunde goldbraun backen.
Vor dem Servieren kurz ruhen lassen.

Kalbsnierchen in Senfsauce

Zutaten für 4 Personen: 2 Kalbsnierchen (ca. 800 g), Weißweinessig, 40 g Butter, 1 Gläschen Cognac, 1 Prise frisch geriebener Muskat, schwarzer Pfeffer aus der Mühle, Salz, 1 gestrichener TL Speisestärke, 150 g frische Sahne, 1 TL scharfer Dijonsenf
Den Backherd auf 120 Grad anheizen. Die Nierchen putzen und das Fett aus

der Mitte herausschneiden. 30 Minuten in Wasser und Weißweinessig zu gleichen Teilen einlegen. Abtropfen lassen und sorgfältig trockentupfen. Die Butter in einer Kupferpfanne oder in einer Pfanne mit Antihaftbeschichtung erhitzen. Die Nierchen auf beiden Seiten scharf anbraten. Mit Cognac ablöschen. Abdecken und eine Minute bei starker Hitze einkochen lassen. Nierchen vom Herd nehmen und 10 Minuten ruhen lassen.
Die Nierchen im Ofen warm halten. Nun die Sauce in der Pfanne bei lebhafter Hitze einkochen lassen. Mit Muskat, Pfeffer und Salz abschmecken. Die Speisestärke in die Sahne rühren, dann den Senf hinzufügen. In die Sauce gießen. Einige Minuten durchköcheln lassen, dann die Nierchen wieder hineinsetzen. Sofort servieren, damit die Nierchen innen noch rosa bleiben und nicht zu sehr austrocknen.
Für dieses Rezept eignen sich auch Rindernieren, die allerdings länger gewässert und gegart werden müssen. Die Senfsauce paßt auch zu Rinder- und Kalbsfilet.

Prager Schinken mit Ananas

Zutaten für 8 Personen: 2 kg Prager Schinken mit Schwarte, 50 g Butter, 1 EL Senfpulver oder English mustard, 3 EL brauner Zucker, 20 Gewürznelken, 800 g Ananasscheiben aus der Dose, 20 Cocktailkirschen, 50 ml Marsala

Den Backherd auf 200 Grad vorheizen. Die Schinkenschwarte rautenförmig einritzen. Den ganzen Schinken mit Butter, bestreichen, dann mit Senfpulver und Zucker einreiben. Die Gewürznelken in die Fleischtaschen stecken. Mit Ananasscheiben belegen. Die Cocktailkirschen in die Mitte der Ananasscheiben setzen. Den Schinken in Alufolie wickeln und auf ein Backblech setzen. Eine Stunde im heißen Rohr braten. In der Zwischenzeit den Ananassaft mit dem Marsala vermischen. Nach einer Stunde die Alufolie entfernen; den Bratfond, der sich in der Folie gesammelt hat, entfetten und zum Ananassaft gießen. Den Schinken wieder ins Rohr schieben und weitere 90 Minuten braten. Dabei regelmäßig mit dem Ananassaft begießen. Den gegarten Schinken heiß mit der Sauce servieren. Jede Portion mit einer Ananasscheibe garnieren.

Schweineschulter auf Linsen

Zutaten für 8 Personen: 1,5 kg geräucherter Vorderschinken oder Schweineschulter, 400 g Linsen (vorzugsweise die großen Linsen aus Castelluccio), 1 große rote Zwiebel, in Ringe geschnitten, 2 Gewürznelken, 1 Kräutersträußchen aus Petersilie, Lorbeer, Thymian und Lauch, ca. 100 g milder Dijonsenf als Beilage zum Fleisch

Das Fleisch am Vortag in eine Glas- oder Tonschale legen und mit kaltem Wasser bedecken. Am nächsten Tag die Linsen in einen großen Topf füllen, in dem auch das Fleischstück Platz hat. Die Zwiebel, die Gewürznelken und das Kräutersträußchen hinzufügen. Großzügig mit Wasser bedecken (das Wasser muß doppelt so hoch stehen wie die Linsen). Zum Kochen bringen, dann das Fleisch hineingeben. Etwa eine Stunde garen. Nach Ende der Garzeit die Zwiebel und das Kräutersträußchen entfernen. Fleisch und Linsen im Topf servieren und den Dijonsenf getrennt dazu reichen.

Dieses Gericht sollte man nicht aufwärmen, weil die Linsen sonst zerkochen und das Fleisch zäh wird.

Schweinekoteletts alla salumiera

Zutaten für 4 Personen: 1 gehackte Zwiebel, 40 g Schweineschmalz, 1 EL Mehl, 100 ml trockener Weißwein, 100 ml Fleisch- oder Gemüsebrühe, 1 Kräutersträußchen (siehe Rezept auf Seite 98), 1 Prise Muskat, weißer Pfeffer aus der Mühle, Salz, 4 Schweinekoteletts, 1 EL scharfer Dijonsenf, 80 g gestiftelte Essiggurken

Die Zwiebel in 20 Gramm Schweineschmalz 10 Minuten sanft andünsten. Das Mehl darüberstäuben und unter vorsichtigem Umrühren kurz anschwitzen. Den Wein und die Brühe unterrühren. Nun auch das Kräutersträußchen, den Muskat sowie Pfeffer und Salz hinzufügen. Über lebhafter Flamme zum Kochen bringen, abdecken und bei nunmehr sanfter Hitze 20 Minuten durchköcheln.

Gelegentlich umrühren.

Inzwischen die Koteletts im restlichen Schmalz 5–6 Minuten auf beiden Seiten braten. Vom Herd nehmen.

Die Sauce ebenfalls vom Herd nehmen. Das Kräutersträußchen herausfischen.

Den Senf mit einem Schneebesen unter die Sauce ziehen, dann die Essiggurken einrühren.
Die Sauce über die Koteletts gießen, alles nochmals erwärmen und sofort servieren.

Schweinekoteletts in Marksauce

Zutaten für 4 Personen: 50 g gewürfeltes Rindermark, 40 g Butter, 10 g (1 gestrichener EL) Mehl, 50 ml trockener Weißwein, 50 g Essiggurken, 1 TL scharfer Dijonsenf, 1 gehackte Zwiebel, 1 gehackte Knoblauchzehe, 2 EL Weinessig, 4 Schweinekoteletts à 150 g, Salz
Das Rindermark in einer Pfanne zerlassen. 10 Gramm Butter und das Mehl hinzufügen und 3–4 Minuten anschwitzen. Den Weißwein angießen und über kräftiger Flamme zum Kochen bringen. 5 Minuten einkochen lassen. Dann die Gurken und den Senf einrühren. Die Sauce warm halten. Die Sauce läßt sich auch vorbereiten und bei Bedarf wieder aufwärmen.
Die restliche Butter zerlassen. Die flüssige Butter in ein Schälchen gießen und

mit der Zwiebel, dem Knoblauch und dem Essig vermischen. Das Fleisch salzen und mit dieser Sauce übergießen. 15 Minuten durchziehen lassen. Eine Pfanne mit Antihaftbeschichtung anheizen und die vier Koteletts 6–7 Minuten pro Seite kräftig braten. Das Fleisch muß ganz durch sein, darf aber nicht austrocknen. Mit der Marksauce anrichten.

Lammkoteletts an Dijon-Mayonnaise

Zutaten für 4 Personen: 100 ml natives Olivenöl extra, 4 gehackte Knoblauchzehen, Saft einer Zitrone, Salz, schwarzer Pfeffer aus der Mühle, einige Salbeiblätter, 1 Rosmarinzweig, 800 g Lammkoteletts, 1 Eigelb, 1 EL Dijonsenf

Die Hälfte des Öls, die Hälfte des Knoblauchs und die Hälfte des Zitronensafts in einem Schälchen verrühren; salzen und pfeffern. Salbei und Rosmarin hinzufügen.

Die Lammkoteletts mit dieser Marinade einreiben, in eine Glas- oder Keramikschale legen und 30 Minuten durchziehen lassen.

In der Zwischenzeit das Eigelb, den Senf

und den restlichen Knoblauch verrühren. Mit einem Schneebesen das übrige Öl und den Zitronensaft in einem dünnen Strahl unterziehen. Diese Mayonnaise in den Kühlschrank stellen.
Die Lammkoteletts auf dem Grill über einer Holzkohlenglut oder im 200 Grad heißen Ofen braten. Heiß mit der Mayonnaise servieren.

Cevapcici

Zutaten für 4 Personen: 300 g fein gehacktes Hähnchenbrustfilet, 200 g Hackfleisch vom Lamm, 200 g Hackfleisch vom Schwein, 4 gehackte Knoblauchzehen, 1 TL schwarze Pfefferkörner, 1 gehackte Zwiebel, 16 getrocknete Lorbeerblätter, Salz, 4 Spießchen, 1 TL scharfer Dijonsenf oder original englischer Senf
Die Hackfleischsorten in eine Schüssel geben und mit Knoblauch, Pfefferkörnern und Zwiebel vermengen. Aus dem Teig 16 Fleischbällchen formen. Die Bällchen abwechselnd mit den Lorbeerblättern auf die Spieße stecken. Die Spießchen über einer Holzkohlenglut oder im auf 200 Grad vorgeheizten

Ofen 15 Minuten braten; dabei häufig wenden.
Heiß mit Senf servieren.

Pollo alla diavola

Zutaten für 4 Personen: 1 kleines Hähnchen oder 1 Stubenküken, 2 Eier, 1 EL scharfer Dijonsenf, schwarzer Pfeffer aus der Mühle, Salz, 2 EL Paniermehl, 50 ml natives Olivenöl extra, 100 g Butter, 1 gehackte Zwiebel, 1 gehackte Mohrrübe, 1 Kräutersträußchen (s. Seite 98), 100 ml trockener Marsala, 100 ml trockener Weißwein
Das Hähnchen vierteln und flachklopfen (das können Sie gleich vom Metzger besorgen lassen). Die Bratröhre auf 180 Grad vorheizen.
Die Eier mit Senf verquirlen, salzen und pfeffern. Die Hähnchenteile in die Eimischung tauchen, dann im Paniermehl wenden. Dicht an dicht in eine feuerfeste Form setzen. Mit Öl übergießen. 30 Minuten im heißen Rohr garen.
Für die Sauce die Butter in einem Pfännchen erhitzen. Die Zwiebel und die

Mohrrübe 10 Minuten sanft darin andünsten. Das Kräutersträußchen sowie Salz und Pfeffer hinzufügen. Stark erhitzen und zunächst den Marsala angießen und einkochen lassen, dann den Weißwein hinzugießen. Auf mittlerer Hitze einreduzieren, durch ein Sieb seihen und bis zum Servieren warm halten. In eine Saucière umgießen und zu Tisch bringen. Diese Sauce läßt sich auch im voraus zubereiten.

Weihnachtlicher Kapaun mit Mostarda di Cremona

Zutaten für 6 Personen: 1 küchenfertiger Kapaun (ca. 2 kg), Salz, weißer Pfeffer aus der Mühle, 500 g Mostarda di Cremona mit etwas Sirup, 100 g Speckscheiben, 50 ml Weißwein, 50 ml Brühe, 1 EL Mehl

Die Bratröhre auf 220 Grad vorheizen. Den Kapaun vorbereiten. Die Halsöffnung zunähen oder zubinden. Den Kapaun innen salzen und pfeffern, dann mit der Mostarda di Cremona und etwas Sirup füllen.

Nun auch die zweite Öffnung verschlie-

ßen. Die Brust mit Speckscheiben umwickeln. Die Schenkel des Kapauns und die Speckscheiben festbinden.
Den Kapaun in einen Bräter setzen und ins heiße Rohr schieben. 15 Minuten braten, dann die Temperatur auf 130 Grad reduzieren. 2 Stunden bei sanfter Hitze garen.
Den Kapaun aus dem Bräter nehmen und im abgeschalteten Rohr kurz warm stellen. Den Bratsatz unter ständigem Rühren mit dem Weißwein loskochen. Die Brühe mit dem Mehl verrühren und in die Sauce gießen. Unter ständigem Rühren aufkochen und etwas eindicken lassen. 5 Minuten durchköcheln, dann durch ein Sieb gießen. In einer vorgewärmten Sauciere auftragen.
Den Kapaun aufschneiden und mit Mostarda und Sauce servieren.

Kaninchen in Senfsauce

Zutaten für 4 Personen: 1 mittelgroßes Kaninchen, 100 ml Weißweinessig, 1 grob gehackte Zwiebel, weißer Pfeffer aus der Mühle, 40 g Mehl, 50 g durchwachsene Speckwürfel, Salz, 5 Gewürznelken, 3 gefaltete Lorbeerblätter, 1 TL Zucker, 1/2 EL scharfer Dijonsenf

Das Kaninchen am Vortag in eine Glas- oder Keramikschale legen und mit einer Marinade aus Essig, Zwiebel, Pfeffer und 1/2 Liter Wasser übergießen. Abdecken und an einem kühlen Ort einen Tag durchziehen lassen. Aus der Marinade heben, abtropfen lassen und trockentupfen. In Portionsstücke teilen. Die Kaninchenteile in der Hälfte des Mehls wenden. Eine große Pfanne anheizen. Die Speckwürfel hineingeben und ausbraten. Die Kaninchenteile im ausgebratenen Fett anbraten und Farbe annehmen lassen. Salzen und mit der Marinade begießen. Nun auch Gewürznelken, Lorbeerblätter und Zucker hinzufügen. Den Senf einrühren. Abdecken und bei mäßiger Hitze eine Stunde schmoren. Das restliche Mehl mit 3 Eßlöffeln Wasser glattrühren und die Sauce kurz vor Ende der Garzeit damit binden. 5 Minuten durchkochen, dann vom Herd nehmen und servieren.

Bibliographie

D. Ancelet, *Cucina alla francese*, Mailand 1979

P. Andrieu, *La grande cucina francese*, Bologna 1964

Apicius, *Kochbuch.* Aus der altrömischen Kaiserzeit, Leipzig 1995

P. Artusi, *La scienza in cucina e l'arte di mangiar bene*, Florenz 1963

A. Brillat-Savarin, *Physiologie des Geschmakkes,* Frankfurt 1991

Colman's Advisory Service, Colmans, o.O, o.J.

F. Dessì, *La signora in cucina*, Mailand 1955

N. Douglas, *Venere in cucina*, Mailand 1954

Enciclopedia illustrata della Gastronomia, Mailand 1990

E. Jarratt, *Corso di cucina*, Scuola di Arte Culinaria »Cordon Bleu«, Rom 1990

Les Cuisines du monde, Paris 1993

A. Lodispoto, *Enciclopedia dell'alimentazione*, Mailand 1972

G.F. Luraschi, *Nuovo cuoco milanese economico*, Mailand 1829, Faksimile-Ausgabe Bologna 1980

Maestro Martino da Como, *Libro de arte coquinaria*, Handschrift, Library of Congress, Washington

G. Mathiot, *Cucina internazionale ed esotica*, Mailand 1967

H. McGee, *Il cibo e la cucina*, Padua 1989

S. Merlini, *Enciclopedia degli alimenti*, Bologna 1993

A.M. Pavia, M. D'Alessandro, *Corso di cucina*, Scuola di Arte Culinaria »Cordon Bleu«, Rom 1995

M. Patten, *Classic Dishes made simple*, London 1969

C. Picco, *Nuovo lessico di cucina*, Bologna 1965

M. Wilson, *Cucina cinese*, Bologna 1985

INHALT

Printed in Italy